Mastering JavaScript

Grundlagen, Konzepte und Praxisbeispiele für moderne Webentwicklung

Von

Dennis Wittmann

Dieses Buch widmet sich JavaScript, einer der dynamischsten und einflussreichsten Programmiersprachen in der modernen Webentwicklung. JavaScript hat sich von einer einfachen Skriptsprache für Webbrowser zu einem unverzichtbaren Werkzeug für die Erstellung interaktiver und reaktionsschneller Webanwendungen entwickelt. Es ist die treibende Kraft hinter einer Vielzahl von Webtechnologien und hat sich auch auf andere Bereiche wie Server-Programmierung, mobile Anwendungen und sogar Desktop-Softwareentwicklung ausgedehnt.

In diesem Buch führen wir Sie durch die grundlegenden Konzepte und Techniken von JavaScript. Wir beginnen mit einer Einführung in die Sprache, ihre Geschichte und ihren einzigartigen Charakter. Wir erläutern, warum JavaScript im Vergleich zu anderen Programmiersprachen wie Python, Java oder C# eine Sonderstellung einnimmt, und diskutieren seine Rolle im Kontext des modernen Webs.

In den nachfolgenden Kapiteln werden wir die Kernkonzepte von JavaScript im Detail untersuchen. Dazu gehören Variablen, Datentypen, Funktionen, Objekte und Arrays. Wir werden auch fortgeschrittene Themen wie asynchrone Programmierung, Closure, Promises und die neuesten ES6-Features behandeln.

Ein wesentlicher Teil dieses Buches widmet sich der praktischen Anwendung von JavaScript. Sie lernen, wie JavaScript zur Manipulation des Document Object Models (DOM) verwendet wird, um dynamische Webseiten zu erstellen. Wir werden auch untersuchen, wie JavaScript in Verbindung mit modernen Frameworks wie React, Angular und Vue.js eingesetzt wird, um anspruchsvolle Single-Page-Applications (SPAs) zu entwickeln.

Darüber hinaus werden wir die Tools und Techniken erkunden, die für die effektive Arbeit mit JavaScript verfügbar sind. Dazu gehören verschiedene Entwicklungsumgebungen, Debugging-Tools und Performance-Optimierungsmethoden. Wir werden Best Practices in der JavaScript-Entwicklung diskutieren, einschließlich Code-Organisation, Testen und Wartung.

Abschließend werden wir eine Reihe von praktischen Beispielen und Projekten präsentieren, die Ihnen helfen, Ihre JavaScript-Fähigkeiten zu festigen und zu erweitern. Ob Sie nun ein Anfänger sind, der in die Welt der Programmierung einsteigt, oder ein erfahrener Entwickler, der sein Wissen in JavaScript vertiefen möchte, dieses Buch bietet Ihnen das notwendige Rüstzeug, um in der vielfältigen und spannenden Welt der JavaScript-Programmierung erfolgreich zu sein.

Inhaltsverzeichnis

Einführung

Willkommen zum Buch "JavaScript Mastery: Grundlagen, Konzepte und Praxisbeispiele für moderne Webentwicklung", Ihrem umfassenden Leitfaden zur Welt von JavaScript. Dieses Buch ist für alle gedacht, die sich auf eine Entdeckungsreise in die spannende Welt der Webprogrammierung begeben möchten, von absoluten Anfängern ohne Programmiererfahrung bis hin zu erfahrenen Entwicklern, die ihr Wissen in JavaScript vertiefen wollen.

JavaScript ist mehr als nur eine Programmiersprache; es ist das Rückgrat des modernen Webs, das die Interaktivität und Dynamik von Websites ermöglicht, die wir täglich nutzen. Von kleinen persönlichen Blogs bis hin zu komplexen Unternehmensanwendungen ist JavaScript überall zu finden. Seine Vielseitigkeit erstreckt sich von einfachen Skripten zur Verbesserung der Benutzererfahrung bis hin zu kompletten Anwendungen, die auf Node.js im Backend und verschiedenen JavaScript-Frameworks im Frontend laufen.

In diesem Buch werden Sie die Grundlagen von JavaScript kennenlernen, von den einfachsten Konzepten bis hin zu fortgeschrittenen Techniken. Jedes Kapitel ist sorgfältig strukturiert, um Ihnen eine schrittweise Einführung in die verschiedenen Aspekte der Sprache zu bieten, unterstützt durch praktische Beispiele, Übungen und Projekte, um Ihr Wissen zu vertiefen.

Wir beginnen mit einer Einführung in die Geschichte und Bedeutung von JavaScript, gefolgt von einer detaillierten Erörterung der Grundlagen wie Variablen, Datentypen, Operatoren, Kontrollstrukturen und Funktionen. Anschließend erforschen wir komplexere Themen wie Objektmanipulation, asynchrone Programmierung, Event Handling und die Interaktion mit dem DOM.

Einen besonderen Fokus legen wir auf die Anwendung von JavaScript in der realen Welt. Sie werden lernen, wie Sie JavaScript nutzen können, um dynamische Webseiten zu erstellen, mit APIs zu interagieren und moderne Webanwendungen mit Hilfe von Frameworks wie React, Angular und Vue.js zu entwickeln.

Abschließend widmen wir uns den Best Practices in JavaScript, einschließlich der Organisation Ihres Codes, Teststrategien und der Optimierung für Performance. Mit diesen Kenntnissen werden Sie gut gerüstet sein, um effizienten, wartbaren und leistungsfähigen JavaScript-Code zu schreiben.

Ob Sie nun Ihre erste Zeile Code schreiben oder Ihre vorhandenen Fähigkeiten auf die nächste Stufe bringen möchten, "JavaScript Mastery" wird Sie auf dieser spannenden Reise begleiten. Tauchen Sie ein in die Welt von JavaScript und entdecken Sie, wie Sie Ihre kreativen und technischen Fähigkeiten entfalten können, um beeindruckende Webanwendungen zu gestalten.

Kapitel 1: Einführung in JavaScript

1.1 Geschichte von JavaScriptKapitel 2: Grundlagen von YAML

JavaScript, ursprünglich als LiveScript bekannt, wurde Ende 1995 von Netscape in Zusammenarbeit mit Sun Microsystems entwickelt. Es wurde geschaffen, um Webentwicklern zu ermöglichen, dynamische Inhalte zu erzeugen. Trotz seines Namens ist JavaScript nicht direkt mit der Programmiersprache Java verwandt; der Name wurde hauptsächlich aus Marketinggründen gewählt.

Über die Jahre hat sich JavaScript von einer einfachen Client-seitigen Skriptsprache zu einer der wichtigsten und am weitesten verbreiteten Programmiersprachen der Welt entwickelt. Es ist ein integraler Bestandteil des modernen Web, ermöglicht es, interaktive Websites zu erstellen, und hat sich auch auf die Serverseite durch Node.js ausgedehnt.

1.2 Warum JavaScript?

JavaScript ist aus mehreren Gründen einzigartig und wichtig:

1. Universell: JavaScript läuft auf nahezu allen modernen Webbrowsern ohne die Notwendigkeit zusätzlicher Plugins.

2. Vielseitig: Es wird sowohl auf Client- als auch auf Serverseite verwendet und kann für die Entwicklung von Frontend- und Backend-Systemen genutzt werden.

3. Community und Ökosystem: Eine riesige Community und ein umfangreiches Ökosystem an Bibliotheken und Frameworks unterstützen Entwickler bei der Realisierung komplexer Projekte.

4. Einfach zu lernen: JavaScript hat eine relativ einfache Syntax, die es Anfängern erleichtert, mit der Programmierung zu beginnen.

5.

6.

1.3 Einrichten der Entwicklungsumgebung

Um mit JavaScript zu beginnen, benötigen Sie lediglich einen Texteditor und einen Webbrowser. Einige populäre Texteditoren sind:

- Visual Studio Code

- Sublime Text

- Atom

Nachdem Sie Ihren bevorzugten Texteditor installiert haben, können Sie beginnen, Ihren ersten JavaScript-Code zu schreiben.

Ihr erstes JavaScript-Programm

Öffnen Sie einen Texteditor und geben Sie den folgenden Code ein:

```javascript
console.log('Hallo Welt!');
```

console.log('Hallo Welt!');

Speichern Sie die Datei mit der Erweiterung .html, zum Beispiel hallo-welt.html. Öffnen Sie die Datei dann in Ihrem Webbrowser. Sie sollten die Nachricht "Hallo Welt!" in der Konsole des Browsers sehen. Um die Konsole zu öffnen, drücken Sie in den meisten Browsern F12 und wählen Sie den Tab "Konsole".

Kapitel 2: Grundlegende Konzepte

In diesem Kapitel beschäftigen wir uns mit den fundamentalen Bausteinen von JavaScript. Sie lernen die Syntax, grundlegende Datentypen und Steuerungsstrukturen kennen, die in JavaScript verwendet werden. Diese Konzepte bilden das Fundament, auf dem Sie aufbauen werden, um komplexere Anwendungen zu entwickeln.

2.1 Variablen und Datentypen

Variablen sind grundlegende Komponenten in jeder Programmiersprache. Sie dienen dazu, Daten zu speichern, die während der Ausführung eines Programms verwendet und manipuliert werden können. In JavaScript gibt es verschiedene Arten von Daten, die Sie speichern können:

Primitive Datentypen: Dazu gehören Strings (Text), Numbers (Zahlen), Booleans (Wahrheitswerte), Null, Undefined und Symbols.

Beispiele für primitive Datentypen:

```
let name = 'Alice'; // String

let age = 30; // Number

let isStudent = false; // Boolean
```

Nicht-primitive Datentypen: Diese umfassen Objekte und Arrays, die komplexere Datenstrukturen ermöglichen.

Beispiele für nicht-primitive Datentypen:

```
let person = { name: 'Alice', age: 30 }; // Objekt

let numbers = [1, 2, 3, 4, 5]; // Array
```

2.2 Operatoren und Ausdrücke

Die Fähigkeit, den Fluss eines Programms zu steuern, ist entscheidend. JavaScript bietet hierfür Bedingungsanweisungen und Schleifen.

Beispiel für eine if-else-Bedingung:

```
if (age > 18) {
    console.log('Erwachsener');
} else {
    console.log('Kind');
}
```

Beispiel für eine for-Schleife:

```
for (let i = 0; i < numbers.length; i++) {
    console.log(numbers[i]);
}
```

2.3 Kontrollstrukturen: Bedingungen und Schleifen

Die Fähigkeit, den Fluss eines Programms zu steuern, ist entscheidend. In diesem Abschnitt werden wir Bedingungen wie if, else if und else sowie Schleifen wie for, while und do...while untersuchen. Sie lernen, wie man mit diesen Strukturen Logik in Programme einbaut, um Aufgaben basierend auf unterschiedlichen Bedingungen wiederholt auszuführen oder zu überspringen.

Kapitel 3: Funktionen und Scope

In diesem Kapitel konzentrieren wir uns auf Funktionen und den Scope in JavaScript. Funktionen sind zentrale Bausteine in JavaScript und ermöglichen es, Code zu strukturieren und wiederverwendbar zu machen. Der Scope bestimmt, wo Variablen und Funktionen verfügbar sind.

3.1 Funktionen definieren und aufrufen

Funktionen sind wiederverwendbare Codeblöcke, die bestimmte Aufgaben ausführen. Sie können Parameter annehmen und Werte zurückgeben. In JavaScript können Funktionen auf verschiedene Arten definiert werden:

Beispiel für eine Funktionsdeklaration:

```
function greet(name) {
    return 'Hallo ' + name;
}
console.log(greet('Alice'));
```

Beispiel für einen Funktionsausdruck:

```
const add = function(a, b) {
    return a + b;
};
console.log(add(5, 3));
```

3.2 Scope und Closure

Der Scope einer Variablen bestimmt, wo sie zugänglich ist. In JavaScript gibt es zwei Haupttypen von Scopes: globaler Scope und lokaler Scope. Closures ermöglichen es Funktionen, auf Variablen aus ihrem umgebenden Scope zuzugreifen, selbst nachdem dieser Scope verlassen wurde.

Beispiel für Scope:

```
let globalVar = 'global';
function exampleFunction() {
    let localVar = 'local';
    console.log(globalVar); // Zugriff auf globale Variable
}
console.log(localVar); // Fehler, da localVar nicht im globalen Scope ist
```

Beispiel für Closure:

```
function createCounter() {
    let count = 0;
    return function() {
        count += 1;
        return count;
    };
}
const counter = createCounter();
console.log(counter()); // 1
console.log(counter()); // 2
```

3.3 Anonyme Funktionen und Arrow-Funktionen

Anonyme Funktionen sind Funktionen ohne Namen. Sie sind oft als Argumente in höheren Funktionen nützlich. Arrow-Funktionen bieten eine kürzere Syntax für die Schreibweise von Funktionen.

Beispiel für eine anonyme Funktion:

```
setTimeout(function() {
    console.log('Eine Sekunde vergangen');
}, 1000);
```

Beispiel für eine Arrow-Funktion:

```
const multiply = (a, b) => a * b;
console.log(multiply(2, 3)); // 6
```

Kapitel 4: Objekte und Arrays

Kapitel 4 führt Sie in die Welt der Objekte und Arrays ein. Diese sind unerlässlich für die Verarbeitung und Organisation komplexer Daten in JavaScript. Sie lernen, wie man Objekte und Arrays erstellt, manipuliert und effektiv einsetzt.

4.1 Objekte erstellen und manipulieren

Objekte in JavaScript sind Sammlungen von Schlüssel-Wert-Paaren. Sie sind ideal, um strukturierte Daten zu speichern und zu organisieren.

Beispiel für die Erstellung eines Objekts:

```
let person = {
    name: 'Alice',
    age: 25,
    isStudent: true
};
```

Sie können auf die Eigenschaften eines Objekts zugreifen und sie ändern:

```
console.log(person.name); // 'Alice'
person.age = 26;
person['isStudent'] = false;
```

4.2 Arrays und Array-Methoden

Arrays sind geordnete Sammlungen von Werten. Sie sind nützlich, um Listen von Daten zu verwalten.

Beispiel für die Erstellung eines Arrays:

```
let numbers = [1, 2, 3, 4, 5];
```

JavaScript bietet eine Vielzahl von Methoden, um mit Arrays zu arbeiten:

```
numbers.push(6); // Fügt eine Zahl am Ende hinzu
let firstNumber = numbers.shift(); // Entfernt und gibt das erste Element zurück
```

4.3 JSON und JavaScript-Objekte

JavaScript Object Notation (JSON) ist ein Format für die Repräsentation von Daten als Strings, das eng mit JavaScript-Objekten verbunden ist. Es wird häufig verwendet, um Daten zwischen einem Server und einer Webanwendung auszutauschen.

Beispiel für die Umwandlung eines JavaScript-Objekts in JSON:

```
let jsonData = JSON.stringify(person);
```

Beispiel für das Parsen von JSON zu einem JavaScript-Objekt:

```
let parsedObject = JSON.parse(jsonData);
```

Kapitel 5: Programmierparadigmen in JavaScript

In Kapitel 5 erkunden wir verschiedene Programmierparadigmen in JavaScript, wie prozedurale, objektorientierte und funktionale Programmierung. Jedes Paradigma bietet einen einzigartigen Ansatz zur Lösung von Problemen und zur Strukturierung Ihres Codes.

5.1 Prozedurale Programmierung

Prozedurale Programmierung ist einer der grundlegendsten Programmierstile, der sich auf die Erstellung von Funktionen und Prozeduren konzentriert, um Aufgaben auszuführen. Es geht darum, ein Programm in eine Reihe von Schritten oder Prozeduren aufzuteilen.

Beispiel für prozedurale Programmierung:

```
function add(a, b) {

    return a + b;

}

function subtract(a, b) {

    return a - b;

}
```

5.2 Objektorientierte Programmierung

Objektorientierte Programmierung (OOP) in JavaScript verwendet Objekte und Klassen, um Daten und Methoden zu kapseln. Es ermöglicht die Modellierung komplexer Systeme durch Objekte.

Beispiel für OOP in JavaScript:

```
class Person {

    constructor(name, age) {

        this.name = name;

        this.age = age;

    }
```

```
greet() {
    return 'Hallo, mein Name ist ' + this.name;
}
}
let alice = new Person('Alice', 25);
console.log(alice.greet());
```

5.3 Funktionale Programmierung

Funktionale Programmierung ist ein Paradigma, das Funktionen als erstklassige Bürger behandelt und Konzepte wie Unveränderlichkeit und Funktionen höherer Ordnung verwendet. Es betont die Verwendung von reinen Funktionen ohne Seiteneffekte.

Beispiel für funktionale Programmierung:

```
const add = (a, b) => a + b;
const numbers = [1, 2, 3, 4, 5];
const sum = numbers.reduce(add, 0);
console.log(sum); // Ausgabe: 15
```

Kapitel 6: Asynchrone Programmierung

Kapitel 6 behandelt eines der wichtigsten Konzepte der modernen JavaScript-Programmierung: Asynchrone Programmierung. Sie lernen, wie man asynchrone Prozesse mit Callbacks, Promises und Async/Await handhabt, um effiziente, nicht-blockierende Code-Strukturen zu erstellen.

6.1 Callbacks

Callbacks sind Funktionen, die als Argumente an andere Funktionen übergeben werden und nach einer asynchronen Operation aufgerufen werden.

Beispiel für die Verwendung von Callbacks:

```
function fetchData(callback) {
    setTimeout(() => {
```

```
    callback('Daten geladen');
  }, 1000);
}
fetchData((data) => {
  console.log(data);
});
```

6.2 Promises

Promises sind Objekte, die das Ergebnis einer asynchronen Operation repräsentieren. Ein Promise kann sich in einem von drei Zuständen befinden: erfüllt, abgelehnt oder ausstehend.

Beispiel für die Erstellung und Verwendung von Promises:

```
const promise = new Promise((resolve, reject) => {
  setTimeout(() => {
    resolve('Daten erfolgreich geladen');
  }, 1000);
});
promise.then(data => console.log(data)).catch(error => console.error(error));
```

6.3 Async/Await

Async/Await ist eine neuere Syntax in JavaScript, die es einfacher macht, asynchronen Code zu schreiben und zu verstehen, indem sie das Schreiben von Promises in einem synchronen Stil ermöglicht.

Beispiel für die Verwendung von Async/Await:

```
async function loadData() {
  try {
    const data = await fetchData();
    console.log(data);
```

```
    } catch (error) {
        console.error(error);
    }
}
loadData();
```

Kapitel 7: DOM-Manipulation und Event-Handling

Kapitel 7 befasst sich mit zwei wesentlichen Aspekten der Webentwicklung in JavaScript: der Manipulation des Document Object Model (DOM) und dem Umgang mit Ereignissen (Events). Diese Konzepte sind entscheidend für die Erstellung interaktiver und dynamischer Webseiten.

7.1 Das Document Object Model (DOM)

Das DOM ist eine strukturierte Repräsentation der HTML-Elemente einer Webseite. JavaScript kann verwendet werden, um das DOM zu lesen, zu ändern und zu manipulieren.

Beispiel für das Auswählen und Ändern von DOM-Elementen:

```
const titleElement = document.getElementById('title');
titleElement.textContent = 'Neuer Titel';
```

7.2 Elemente auswählen und manipulieren

Das Auswählen von Elementen ist ein grundlegender Teil der DOM-Manipulation. JavaScript bietet verschiedene Methoden, um Elemente auszuwählen und ihre Eigenschaften zu ändern.

Beispiel für das Auswählen von Elementen:

```
const paragraphs = document.querySelectorAll('p');
paragraphs.forEach(p => p.style.color = 'blue');
```

7.3 Ereignisse und Event Listener

Ereignisse sind Aktionen, die im Browser geschehen, wie Klicks oder Tastendrücke. Event Listener sind Funktionen, die auf diese Ereignisse reagieren.

Beispiel für das Hinzufügen eines Event Listeners:

```
const button = document.getElementById('submit-button');
button.addEventListener('click', () => {
    console.log('Button geklickt');
});
```

Kapitel 8: Formularvalidierung und AJAX

Kapitel 8 beschäftigt sich mit zwei wichtigen Themen der Webentwicklung: Formularvalidierung und der Verwendung von AJAX (Asynchronous JavaScript and XML) für das Laden und Senden von Daten. Diese Konzepte sind wesentlich für die Erstellung interaktiver und benutzerfreundlicher Webseiten.

8.1 Formulardaten verarbeiten

Formulare sind ein zentraler Bestandteil vieler Webanwendungen. Die Validierung von Formulardaten ist entscheidend, um sicherzustellen, dass korrekte und vollständige Informationen gesendet werden.

Beispiel für Formularvalidierung:

```
const form = document.getElementById('myForm');
form.addEventListener('submit', (event) => {
    if (form.checkValidity() === false) {
        event.preventDefault();
        event.stopPropagation();
    }
    form.classList.add('was-validated');
});
```

8.2 Grundlagen von AJAX

AJAX ermöglicht es Webanwendungen, asynchron Daten zu laden und zu senden, ohne die Notwendigkeit, die gesamte Seite neu zu laden. Dies führt zu einer flüssigeren und schnelleren Benutzererfahrung.

Beispiel für die Verwendung von AJAX:

```
const xhr = new XMLHttpRequest();

xhr.open('GET', 'https://api.example.com/data', true);

xhr.onload = function () {

    if (xhr.status === 200) {

        console.log(xhr.responseText);

    }

};

xhr.send();
```

8.3 Mit APIs kommunizieren

Das Kommunizieren mit APIs ist ein wesentlicher Teil moderner Webentwicklung. AJAX wird häufig verwendet, um mit externen APIs zu interagieren und Daten abzurufen oder zu senden.

Beispiel für die Kommunikation mit einer API:

```
fetch('https://api.example.com/data')

    .then(response => response.json())

    .then(data => console.log(data))

    .catch(error => console.error('Fehler:', error));
```

Kapitel 9: Moderne JavaScript-Frameworks

In Kapitel 9 werfen wir einen Blick auf moderne JavaScript-Frameworks und Bibliotheken, die bei der Entwicklung von Webanwendungen helfen. Wir konzentrieren uns auf Angular, React und Vue.js, drei der beliebtesten Frameworks, und diskutieren ihre Besonderheiten, Vor- und Nachteile.

9.1 Ein Überblick über Angular, React und Vue.js

Jedes dieser Frameworks hat seine eigenen Stärken und wird für unterschiedliche Arten von Projekten verwendet.

Angular ist ein umfassendes MVC-Framework, das von Google unterstützt wird. Es ist ideal für komplexe Unternehmensanwendungen.

React, entwickelt von Facebook, ist eine Bibliothek für den Bau von Benutzeroberflächen. Es ist bekannt für seine Effizienz und Flexibilität.

Vue.js ist ein progressives Framework, das sich durch seine Einfachheit und Leichtigkeit auszeichnet. Es ist besonders gut geeignet für kleinere bis mittelgroße Projekte.

9.2 Entscheidungshilfe für Frameworks

Die Wahl des richtigen Frameworks hängt von verschiedenen Faktoren ab, wie den Anforderungen des Projekts, der Erfahrung des Entwicklerteams und der gewünschten Funktionalität. Wir werden verschiedene Szenarien und die jeweils geeigneten Frameworks diskutieren.

9.3 Grundlagen eines ausgewählten Frameworks

Wir werden die Grundlagen eines dieser Frameworks genauer betrachten und ein einfaches Projekt als Beispiel verwenden. Dies wird Ihnen helfen, ein tieferes Verständnis für die Funktionsweise und die Anwendung des Frameworks zu entwickeln.

Beispielprojekt mit React:

```
import React, { useState } from 'react';

function ExampleComponent() {
    const [count, setCount] = useState(0);

    return (
```

```
<div>
    <p>You clicked {count} times</p>
    <button onClick={() => setCount(count + 1)}>
        Click me
    </button>
</div>
);
}
```

Kapitel 10: Best Practices und Debugging

Kapitel 10 konzentriert sich auf Best Practices in der JavaScript-Programmierung und effektive Debugging-Techniken. Ein gut strukturierter, effizienter und fehlerfreier Code ist essenziell für die Entwicklung robuster Anwendungen.

10.1 JavaScript Best Practices

Dieser Abschnitt bietet eine Sammlung von bewährten Methoden und Richtlinien, um Ihren JavaScript-Code sauber, verständlich und wartbar zu gestalten.

Einige Best Practices umfassen:

- Konsistente Einrückung und Kodierungsstandards.

- Verwendung von 'let' und 'const' anstelle von 'var'.

- Vermeidung globaler Variablen.

- Funktionen sollten eine einzige Aufgabe erfüllen.

- Kommentare und Dokumentation des Codes.

10.2 Debugging in JavaScript

Debugging ist ein unverzichtbarer Teil der Softwareentwicklung. In diesem Abschnitt lernen Sie, wie Sie Fehler in Ihrem JavaScript-Code effektiv finden und beheben können.

Einige Techniken und Tools für das Debugging:

- Verwendung der Browser-Entwicklertools und der Konsole.

- Einsatz von Breakpoints zur Untersuchung von Werten während der Laufzeit.

- Analyse von Stack-Traces bei Fehlern.

10.3 Performanzoptimierung

Die Leistungsoptimierung ist entscheidend, um schnelle und reaktionsfähige Webanwendungen zu erstellen. Dieser Abschnitt behandelt Techniken und Strategien zur Verbesserung der Performanz Ihres JavaScript-Codes.

Einige Tipps zur Performanzoptimierung:

- Minimierung und Komprimierung von JavaScript-Dateien.

- Verzögerung des Ladens von JavaScript-Code, der nicht sofort benötigt wird.

- Effiziente DOM-Manipulation und Event-Handling.

Kapitel 11: Abschlussprojekt: Eine einfache Webanwendung erstellen

Kapitel 11 stellt ein Abschlussprojekt vor, in dem Sie das bisher Gelernte anwenden können, um eine einfache, aber vollständige Webanwendung zu erstellen. Dieses Projekt hilft Ihnen, die verschiedenen Aspekte der JavaScript-Programmierung zu verbinden und praktische Erfahrungen zu sammeln.

11.1 Planung und Strukturierung

Jedes Softwareprojekt beginnt mit einer Planungsphase. In diesem Abschnitt werden wir die Anforderungen definieren, die Benutzeroberfläche entwerfen und die grundlegende Architektur unserer Anwendung planen.

Schritte der Planung und Strukturierung:

- Festlegen der Funktionalitäten und Features.

- Entwurf der Benutzeroberfläche und des User Experiences.

- Planung der Code-Struktur und der verwendeten Technologien.

11.2 Implementierung

In dieser Phase setzen wir unser Projekt um. Wir werden die verschiedenen Techniken und Konzepte, die wir gelernt haben, einsetzen, um eine funktionierende Anwendung zu erstellen.

Beispielcode für eine einfache Webanwendung:

```
const app = document.getElementById('app');
app.innerHTML = '<h1>Hello World</h1>';
```

11.3 Test und Deployment

Nachdem die Anwendung entwickelt wurde, folgen das Testen und das Deployment. Das Testen stellt sicher, dass die Anwendung wie erwartet funktioniert, und das Deployment macht die Anwendung für Benutzer zugänglich.

Schritte für Test und Deployment:

- Durchführung von Unit-Tests und Integrationstests.

- Überprüfung der Benutzerfreundlichkeit und Funktionalität.

Kapitel 12: Anhang

Das letzte Kapitel unseres Buches bietet zusätzliche Ressourcen, Antworten zu Übungsaufgaben und ein Glossar, um Ihnen dabei zu helfen, Ihre JavaScript-Kenntnisse weiter zu vertiefen und zu festigen.

12.1 Weiterführende Ressourcen

Hier finden Sie eine Liste von Büchern, Online-Kursen, Tutorials und Community-Websites, die Ihnen helfen können, Ihr Wissen über JavaScript und Webentwicklung zu erweitern.

- JavaScript: The Good Parts von Douglas Crockford

- Eloquent JavaScript von Marijn Haverbeke

- Online-Kurse auf Plattformen wie Coursera und Udemy

- Tutorials und Artikel auf MDN Web Docs

12.2 Antworten zu Übungsaufgaben

In diesem Abschnitt finden Sie Lösungen und detaillierte Erklärungen zu den Übungsaufgaben, die in den verschiedenen Kapiteln des Buches verteilt sind. Dies wird Ihnen helfen, Ihr Verständnis der behandelten Konzepte zu überprüfen und zu festigen.

Beispielantworten zu Übungsaufgaben aus Kapitel 2:

- Aufgabe 1: ...

- Aufgabe 2: ...

12.3 Glossar

Ein Glossar der im Buch verwendeten Begriffe und Konzepte rundet das Buch ab und hilft Ihnen, wichtige Konzepte schnell nachzuschlagen.

AJAX (Asynchronous JavaScript and XML): Eine Technik, die es Webanwendungen ermöglicht, Daten asynchron vom Server zu laden, ohne die gesamte Seite neu zu laden. Erhöht die Benutzerfreundlichkeit und Performance von Webseiten.

API (Application Programming Interface): Eine Sammlung von Routinen, Protokollen und Tools zur Erstellung von Softwareanwendungen. Eine API definiert, wie Softwarekomponenten interagieren sollten.

Callback: Eine Funktion, die an eine andere Funktion als Argument übergeben und innerhalb dieser Funktion zu einem späteren Zeitpunkt ausgeführt wird. Wird häufig in asynchronen Operationen verwendet.

DOM (Document Object Model): Eine Programmierschnittstelle für Webdokumente. Es repräsentiert die Seite so, dass Programme sie ändern können, und stellt eine strukturierte Darstellung des HTML- oder XML-Dokuments dar.

Framework: Eine Sammlung von Bibliotheken und Best Practices, die einen strukturierten Rahmen für die Entwicklung von Softwareanwendungen bieten und dabei helfen, häufig auftretende Probleme zu lösen.

Function Hoisting: In JavaScript können Funktionen vor ihrer Deklaration aufgerufen werden, da der Interpreter die Funktionsdeklarationen an den Anfang des Scopes verschiebt.

JSON (JavaScript Object Notation): Ein leichtgewichtiges Daten-Austauschformat, das für Menschen einfach zu lesen und für Maschinen einfach zu parsen und zu generieren ist. Basierend auf einer Teilmenge der JavaScript-Programmiersprache.

MVC (Model-View-Controller): Ein Architekturmuster, das in der Softwareentwicklung verwendet wird. Es trennt eine Anwendung in drei miteinander verbundene Teile, um die interne Logik von der Benutzeroberfläche zu trennen.

Node.js: Eine Open-Source, plattformübergreifende JavaScript-Laufzeitumgebung, die es ermöglicht, JavaScript-Code serverseitig auszuführen.

Promise: Ein Objekt in JavaScript, das die Vollendung oder das Scheitern einer asynchronen Operation repräsentiert und einen Wert zurückgibt.

Scope: Der Kontext, in dem Werte und Ausdrücke sichtbar oder zugänglich sind. JavaScript hat sowohl lokale als auch globale Scopes.

Syntax: Die Menge an Regeln, die definieren, wie ein Programm in einer bestimmten Programmiersprache geschrieben werden muss.

Variable Hoisting: Ein Verhalten in JavaScript, bei dem Variablendeklarationen an den Anfang ihres umgebenden Scopes während der Kompilierungsphase gehoben werden.

Epilog/Fazit

Liebe Leserinnen und Leser,

Wir sind am Ende unserer Reise durch "JavaScript Mastery: Grundlagen, Konzepte und Praxisbeispiele für moderne Webentwicklung" angelangt. Ich hoffe, dass dieses Buch Ihnen nicht nur fundiertes Wissen über JavaScript vermittelt hat, sondern auch eine Quelle der Inspiration und Motivation war, um tiefer in die Welt der Webentwicklung einzutauchen.

JavaScript ist mehr als nur eine Programmiersprache; es ist ein Werkzeug der Kreativität, ein Mittel zur Problemlösung und ein Tor zu unzähligen Möglichkeiten in der digitalen Welt. Von kleinen Skripten, die einfache Aufgaben auf einer Webseite erledigen, bis hin zu umfangreichen Anwendungen, die Millionen von Nutzern weltweit bedienen, hat JavaScript seine Vielseitigkeit und Macht unter Beweis gestellt.

In diesem Buch haben wir die Grundlagen von JavaScript erkundet, angefangen bei Variablen und Datentypen bis hin zu komplexeren Themen wie asynchrone Programmierung, DOM-Manipulation und moderne Frameworks. Jedes Kapitel war darauf ausgerichtet, Ihnen praktische Fähigkeiten und ein tiefes Verständnis der Konzepte zu vermitteln, die in der heutigen Webentwicklung unerlässlich sind.

Das Abschlussprojekt war ein Höhepunkt, der es Ihnen ermöglichte, das Gelernte in die Praxis umzusetzen. Durch das Anwenden Ihrer Kenntnisse in einem realen Kontext haben Sie nicht nur Ihre Fähigkeiten verbessert, sondern auch ein Gefühl für die realen Herausforderungen und Freuden der Softwareentwicklung bekommen.

Abschließend möchte ich Ihnen Mut machen, auf Ihrem Weg als Entwickler stets neugierig zu bleiben. Die Welt der Technologie ist dynamisch und ständig im Wandel, und es gibt immer etwas Neues zu lernen. Nutzen Sie die Ressourcen, die wir im Anhang des Buches zusammengestellt haben, und bleiben Sie in der Community aktiv.

JavaScript ist nur der Anfang Ihrer Reise in die Welt der Programmierung. Mit den Fähigkeiten, die Sie erworben haben, sind Sie gut gerüstet, um Ihre eigenen Projekte zu starten, Ihr Wissen zu erweitern und neue Horizonte zu erkunden. Ich wünsche Ihnen viel Erfolg und Freude auf Ihrem weiteren Weg.

Herzlichst,

Dennis

Literaturverzeichnis

Crockford, Douglas. "JavaScript: The Good Parts." O'Reilly Media, Inc., 2008.

Ein klassisches Werk, das sich auf die effektivsten Aspekte von JavaScript konzentriert. Crockford bietet tiefgreifende Einblicke in die Sprache und fördert Best Practices.

Flanagan, David. "JavaScript: The Definitive Guide." O'Reilly Media, Inc., 2020.

Oft als "Bibel" der JavaScript-Programmierung bezeichnet, bietet dieses Buch eine umfassende Abdeckung von Core JavaScript und Client-seitigem JavaScript.

Haverbeke, Marijn. "Eloquent JavaScript: A Modern Introduction to Programming." No Starch Press, 2018.

Dieses Buch ist eine zugängliche Einführung in die Programmierung im Allgemeinen, mit einem speziellen Fokus auf JavaScript.

Simpson, Kyle. "You Don't Know JS: Up & Going." O'Reilly Media, 2015.

Der erste Teil einer Buchreihe, die darauf abzielt, alle Aspekte von JavaScript tiefgreifend zu erörtern. Ideal für Leser, die ihre Kenntnisse vertiefen möchten.

Meck, Anna. "Modern JavaScript Frameworks: Angular, React, and Vue." Wiley Publishing, 2019.

Ein praxisorientierter Leitfaden, der die Grundlagen und fortgeschrittenen Themen der drei beliebten JavaScript-Frameworks abdeckt.

McFarland, David Sawyer. "JavaScript & jQuery: The Missing Manual." O'Reilly Media, 2014.

Ein benutzerfreundliches Handbuch, das Schritt für Schritt erklärt, wie JavaScript und jQuery verwendet werden, um Websites lebendiger zu gestalten.

Rauschmayer, Axel. "Exploring ES6: Upgrade to the Next Version of JavaScript." Leanpub, 2015.

Dieses Buch bietet eine detaillierte Untersuchung der neuesten Version von JavaScript, ECMAScript 6 (ES6), und ist eine wertvolle Ressource, um auf dem neuesten Stand zu bleiben.

Cantelon, Mike; Harter, Marc; Holowaychuk, TJ; Rajlich, Nathan. "Node.js in Action." Manning Publications, 2014.

Ein praktischer Guide zur Entwicklung von Server-seitigen Anwendungen mit Node.js.

Danksagung

Ich möchte mich von ganzem Herzen bei all jenen bedanken, die an diesem Buch beteiligt waren und dazu beigetragen haben, dass es zu einem Erfolg wurde.

Zuallererst danke ich meinem Lektor, der mich mit seinem unermüdlichen Engagement und seiner Geduld unterstützt hat. Ohne seine klugen Anregungen und sein feines Gespür für die Bedürfnisse des Lesers hätte dieses Buch nicht denselben Stellenwert erreicht.

Ich danke auch allen Fachleuten, die mir mit ihrem Fachwissen und ihren Erfahrungen zur Seite gestanden haben und die mir wertvolle Einblicke in ihre Arbeit gegeben haben.

Mein besonderer Dank gilt meiner Familie, Freunden und Kollegen, die mich unterstützt und ermutigt haben, auch in Zeiten, in denen ich an mir und meinem Projekt gezweifelt habe.

Schließlich danke ich Ihnen, lieber Leser, für Ihr Interesse an diesem Buch und dafür, dass Sie sich die Zeit genommen haben, es zu lesen. Ich hoffe, dass Sie von diesem Buch profitieren werden und dass es Ihnen hilft, Ihre Integrationsprojekte erfolgreicher umzusetzen.

Vielen Dank!

Meine Kontaktdaten finden Sie unter www.wittmanndennis.de

Informationen zum Autor

Dennis Wittmann, geboren 1987, ist ein erfahrener Experte für SAP-Integration und -Entwicklung mit mehr als 12 Jahren Branchenerfahrung. Dennis hat sich auf die Integrationssuite von SAP, die SAP Cloud Platform Integration und die SAP Business Technology Platform spezialisiert und verfügt über ein tiefes Verständnis für die Konzepte der Anwendungsintegration, Enterprise Integration und API Management.

Als erfahrener Entwickler verfügt Dennis über jahrelange Erfahrung in der Anwendungsentwicklung mit verschiedenen Programmiersprachen wie ABAP, Java, PHP, C, C++, Pascal/C++ (Delphi) und PowerShell. Diese Fähigkeiten ermöglichen es Dennis, komplexe Integrationslösungen zu entwickeln und umzusetzen, die effizient, skalierbar und sicher sind.

In Bezug auf Datenbankmanagement verfügt Dennis über solide Fähigkeiten, einschließlich Modellierung und Entwicklung von Datenbanken. Dies ermöglicht es Dennis, Datenintegration effizient zu gestalten und zu verwalten, was ein wichtiger Faktor für eine erfolgreiche Integrationsstrategie ist.

Im E-Commerce hat Dennis eine umfangreiche Erfahrung, die sich aus seiner Arbeit mit verschiedenen Tools wie Amazon, Ebay, Kaufland, Shopware, XTCommerce, Vario-Software, Plenty, Dreamrobot, JTL und Afterbuy zusammensetzt. Diese Erfahrung ermöglicht es Dennis, E-Commerce-Integrationen effizient und reibungslos umzusetzen, was für ein erfolgreiches Online-Geschäft von entscheidender Bedeutung ist.

Dennis hat auch umfangreiche Erfahrung in der Web-Front- und Backend-Entwicklung, einschließlich der Entwicklung und dem Hosting von benutzerdefinierten Websites auf Apache und Nginx mit Loadbalancer und hohem Traffic. Dies ermöglicht es Dennis, komplexe Web-Integrationen zu gestalten und zu verwalten, die robust, sicher und skalierbar sind.

Um seine Fähigkeiten und sein Wissen zu vertiefen, hat Dennis im Jahr 2018 ein Masterstudium in Computer Science begonnen, das er voraussichtlich im Jahr 2023 abschließen wird. Diese Kombination aus praktischer Erfahrung und akademischem Wissen macht Dennis zu einem anerkannten Experten in der Branche.

www.ingramcontent.com/pod-product-compliance
Lightning Source LLC
Chambersburg PA
CBHW061059050326
40690CB00012B/2670